UN MOT

SUR LES

TARIFS INTERNATIONAUX

DE LA

POSTE AUX LETTRES

PAR

Un ancien Administrateur des Postes

PARIS

IMPRIMERIE ADMINISTRATIVE DE PAUL DUPONT
Rue Jean-Jacques-Rousseau, 41 (Hôtel des Fermes)

1870

UN MOT

SUR LES

TARIFS INTERNATIONAUX

DE LA

POSTE AUX LETTRES

PAR

Un ancien Administrateur des Postes

PARIS

IMPRIMERIE ADMINISTRATIVE DE PAUL DUPONT

Rue Jean-Jacques-Rousseau, 41 (Hôtel des Fermes)

—

1870

UN MOT

SUR

LES TARIFS INTERNATIONAUX

DE

LA POSTE AUX LETTRES.

Le rapport fait par M. le baron de Veauce, au nom de la commission du Corps législatif chargée d'examiner le projet de loi relatif aux modifications de tarifs postaux introduites en vertu de la convention additionnelle conclue le 21 septembre 1869, entre la France et l'Angleterre (séance du 4 avril 1870), contient, page 5, ce qui suit :

« En résumé, Messieurs, la convention additionnelle, projetée entre
« les deux gouvernements de France et d'Angleterre, a paru à la
« commission répondre au besoin général de l'abaissement des taxes
« postales internationales qui se produit aujourd'hui dans le monde
« entier. De toutes parts, en effet, l'opinion publique demande
« d'accroître les facilités postales, tout en réduisant les taxes interna-
« tionales. La Confédération de l'Allemagne du Nord est entrée dans
« cet ordre d'idées, et elle a rallié à son système tous les États qui
« faisaient autrefois partie de la grande association postale allemande,
« y compris l'Autriche. Aujourd'hui, une lettre est transportée d'un

« bout de l'Allemagne à l'autre, moyennant la modique somme d'un
« *silbergros* ou de 12 c. $^1/_2$.

« *La convention anglaise est un premier pas fait par la France
« dans la voie des réductions de taxes internationales*, et nous ne
« pouvons que féliciter l'administration française de s'être associée
« au mouvement de réduction qui tend à favoriser partout le dévelop-
« pement des correspondances. »

De son côté, l'honorable M. Jules Le Cesne, député de la Seine-
Inférieure, en discutant le projet de loi précité (séance du 12 avril
1870), a vivement critiqué tout à la fois et la base de répartition du
produit de la taxe des lettres franco-anglaises, $^5/_8$ pour la France
contre $^3/_8$ pour l'Angleterre, prétendant, ce qui est au moins étrange
pour un député français, que la France se serait fait une part léonine,
et le refus que ferait le gouvernement français de réduire au-dessous
de 20 centimes la taxe territoriale des lettres simples internationales.
M. Le Cesne oppose à cette taxe, qui lui paraît excessive, celle perçue
dans d'autres États ; et vante notamment le libéralisme des États-Unis
et de l'Allemagne qui auraient réduit à 50 centimes par 15 grammes
le port des lettres adressées d'un pays dans l'autre, tandis que la
France *resterait toujours à 70 centimes et à 7 $^1/_2$ grammes*. La France
n'aurait pu réussir à conclure un nouveau traité postal avec les États-
Unis, parce que seule, au dire de M. Le Cesne, elle persisterait dans
un système uniformément condamné.

Nous allons examiner si nos tarifs internationaux ont véritablement
besoin d'être réformés comme on pourrait le supposer d'après ce qui
précède.

I

Il est difficile de s'expliquer comment, en présence des chiffres qui
figurent sur le tableau D faisant suite à son rapport, M. le baron de
Veauce peut considérer la nouvelle convention anglaise comme « *un
« premier pas fait par la France dans la voie des réductions de taxes
« internationales.* »

Ce tableau constate en effet que la taxe des lettres affranchies
d'Alger pour Dublin, par exemple, pesant *moins de 7 $^1/_2$ grammes*, a
été réduite, en 1836, de. . . . . 4 fr. 80 c.
à. . . . . 3 fr. 80 c.

en 1843 à . . . . 1 fr. 70 c.
qu'en 1849, elle a été abaissée, jusqu'au poids de
7 ¹/₂ grammes *inclusivement*, à . . . . 80 c.
et en 1856 à . . . . 40 c.

Après ces réductions considérables et successives, on a peine à comprendre jusqu'où devrait descendre le tarif international de la France pour satisfaire au vœu de la commission dont M. le baron de Veauce a été l'interprète, si la fixation au taux de 30 centimes par 10 grammes de la taxe des lettres affranchies pour l'Angleterre ne devait être regardé que comme le premier pas fait dans une voie nouvelle [1].

Le port de 1 silbergros, de 3 kreutzer ou de 5 neukreutzer perçu actuellement sur les lettres circulant de bureau à bureau dans les limites de l'Union postale, créée en 1850 à l'instigation de l'Autriche [2] et transformée à la suite des dernières victoires de la Prusse, n'a aucunement le caractère d'un port international. Il est d'ailleurs, toutes proportions gardées, supérieur à la taxe de 20 centimes perçue sur les lettres circulant de bureau à bureau, soit en France et en Algérie, soit entre la France et l'Algérie, car il ne représente pas, comme celle-ci, un service moyen aussi étendu et aussi perfectionné que l'est le service postal français. Deux chiffres seulement suffiront, de chaque côté, pour faire ressortir l'énorme différence qui existe entre le service français et les services postaux établis sur les territoires du *Postverein*. La France et l'Algérie mettent ensemble, à la disposition du public, 44,000 boîtes aux lettres environ pour l'envoi des correspondances et plus de 20,000 facteurs pour la distribution à domicile. La Confédération de l'Allemagne du Nord, le grand duché de Bade, le Wurtemberg, la Bavière, le grand duché de Luxembourg et l'Autriche

---

[1] La taxe des lettres affranchies que les habitants de la France échangent avec les habitants de la Belgique et de la Suisse est, par 10 grammes, de 20 centimes seulement lorsque la distance existant, en ligne droite, entre le bureau d'origine et le bureau de destination n'excède pas 30 kilomètres ; et de 30 centimes dans tous les autres cas.

[2] C'est dans une conférence ouverte à Dresde, sur la proposition de l'Autriche, le 18 octobre 1847, entre les représentants de la plupart des offices postaux qui desservaient les États de la Confédération germanique, que le baron Nell, commissaire autrichien, posa les premières bases d'une association postale austro-allemande. Le 6 avril 1850, les Offices d'Autriche et de Prusse conclurent le Traité qui est le véritable point de départ du *Postverein*. La taxe uniforme de 5 neukreutzer (12 centimes ¹/₂) par lettre simple d'un loth de Vienne (17 grammes ¹/₂) a été introduite dans l'Empire d'Autriche par décret du 21 novembre 1865. La taxe uniforme de 1 silbergros (12 centimes ¹/₂) par lettre simple d'un zolloth (16 grammes ²/₃) n'a été introduite en Prusse que par la loi du 25 octobre 1867.

réunis, ne comptent pas plus de 32,000 boîtes aux lettres et de 17,000 facteurs. Le prix du timbre-poste de 20 centimes assure le transport des lettres depuis la boîte où elles sont déposées par les envoyeurs jusqu'au domicile même des destinataires. Dans une vaste partie des territoires de l'union postale austro-allemande, il n'existe pas de service rural. Dans d'autres parties, les lettres distribuées à domicile par les facteurs ruraux sont frappées d'un droit supplémentaire. Ainsi, les lettres pour la Prusse, distribuées par les facteurs ruraux supportent, en sus de la taxe de 1 silbergros (12 $^1/_2$ cent.) un droit de factage de $^1/_2$ silbergros (6 $^1/_4$ cent.) soit en totalité 18 $^3/_4$ cent.

Si M. le baron de Veauce et M. Le Cesne avaient étudié un peu plus à fond la question des tarifs comparés de la France et de l'Allemagne, ils seraient très-probablement arrivés à la même conclusion que M. le directeur général des postes qui, dans un rapport adressé à M. le ministre des finances le 25 octobre 1867, disait ceci :

« Je suis certain qu'après avoir lu la traduction ci-jointe de la loi
« prussienne votée le 25 octobre 1867, Votre Excellence reconnaîtra
« qu'*en fait de poste, le gouvernement français n'a rien à emprunter*
« *aux Allemands.* »

II

Si l'abaissement général des taxes postales internationales répond quelque part à un vrai besoin, ce n'est pas en France à coup sûr. La réforme n'est plus à faire, elle est faite depuis longtemps. Des améliorations partielles analogues à celles que la convention additionnelle du 21 septembre a pour but de réaliser peuvent sans doute être encore poursuivies utilement; mais c'est tout. Il suffit pour s'en convaincre de lire attentivement les rapports si remarquables faits par M. de Lagrené au nom des commissions de l'Assemblée législative chargées d'examiner les projets de loi tendant à la ratification des conventions postales conclues le 27 avril 1849 avec la Belgique (séance du 17 juillet 1849), le 25 novembre 1849 avec la Suisse (séance du 25 janvier 1850) et le 9 novembre 1850 avec la Sardaigne (séance du 11 janvier 1851) et de comparer les tarifs qui existaient en 1847 avec les tarifs actuels pour reconnaître que, toutes proportions gardées, les lettres internationales ont été infiniment plus favorisées que les lettres intérieures depuis l'adoption de la réforme postale due à l'initiative de M. Arago et consacrée par la loi du 24 août 1848.

En réduisant de nouveau, d'une manière générale, la taxe des lettres qui intéressent à un égal degré nos nationaux et les étrangers, sans abaisser celle des lettres purement nationales, on dégrèverait injustement et sans motif plausible, les contribuables étrangers au détriment des contribuables français. On ferait exactement le contraire de ce qu'a voulu le législateur lorsqu'il a introduit en France le système de la taxe uniforme. Il estimait, avec raison, qu'avant de songer à diminuer la taxe des lettres intéressant également les contribuables français et les contribuables étrangers, il fallait d'abord accorder aux correspondances n'intéressant que les contribuables français toutes les modérations de taxe compatibles avec la situation de nos finances. Il n'admettait pas d'ailleurs que les lettres internationales pussent, en aucun cas, être traitées plus favorablement que les correspondances intérieures.

En exposant à l'Assemblée nationale, le 24 août 1848, les résultats financiers que produirait l'adoption du décret ayant pour objet la fixation, au taux uniforme de 20 centimes, de la taxe des lettres de 7 grammes $\frac{1}{2}$ circulant en France de bureau à bureau, le Gouvernement déclarait, par l'organe du ministre des finances M. Goudchaux, que la taxe des lettres originaires ou à destination des pays étrangers ne devant pas être modifiée par le nouveau tarif aucune perte n'était à prévoir du chef de ces lettres.

Dans la brochure qu'il a publiée en 1867 et intitulée : « *Les Postes en 1848* » M. Étienne Arago cite parmi les objets de ses travaux comme directeur-général des Postes (page 98) celui de : « Briser, si c'était « possible, signaler au moins au ministre des finances les traités avec « l'étranger conclus au détriment de la France, antérieurement à la « révolution de Février [1]. »

---

[1] Les conventions postales auxquelles M. Arago fait allusion furent l'objet de vives critiques de la part de la presse en 1848. Le journal le *National* qui publia deux articles fort étendus sur cette question, en décembre 1848, terminait ainsi son dernier article : « Puissions-nous avoir concouru, par cette polémique, à « amener le plus tôt possible la réparation des dommages occasionnés au trésor « public, et rendre plus circonspects à l'avenir les négociateurs chargés des intérêts de la France. » Le journal la *Révolution démocratique et sociale* (15 décembre 1848, n° 39), allait jusqu'à dire ceci : » Mais nous qui souffrons encore, « qui avons souffert si longtemps de la position désavantageuse que les traités de « poste font à la presse française, nous venons demander au citoyen Étienne « Arago, s'il songe à la révision de ces **stupides conventions** qui paraissent de- « voir rester en vigueur. Nous demandons à l'ancien journaliste que nous avons

L'opinion de M. Arago sur ce point fut pleinement partagée d'abord par le Gouvernement puis par l'Assemblée législative quand elle fut appelée à examiner les projets de loi tendant à la ratification des conventions postales conclues postérieurement à 1848. Les observations de l'honorable M. Le Cesne ne tendent cependant à rien moins qu'à pousser la France à conclure, avec les puissances étrangères, des conventions postales beaucoup plus contraires encore aux intérêts français qu'aucune de celles signées avant 1848 et en opposition directe avec les principes dont l'observation a été expressément recommandée au Gouvernement par le pouvoir législatif.

III

Au commencement de 1849 des négociations tendant au remaniement, sur des bases plus équitables, des traités qui nous liaient à diverses puissances étrangères furent entreprises. Un premier résultat fut obtenu par la convention additionnelle conclue avec la Belgique, le 27 avril 1849, laquelle réduisait au taux uniforme de 40 centimes dont 23 centimes pour la France et 17 centimes pour la Belgique, le port de celles des lettres simples adressées de l'un des deux pays dans l'autre qui circulaient en dehors d'un rayon frontière de 30 kilomètres.

La Commission de l'Assemblée nationale chargée d'examiner le projet de loi ayant pour objet la ratification de la dite convention additionnelle appréciait ainsi la nouvelle base de répartition :

« Peut-être, messieurs, l'inégalité de cette répartition ne vous
« paraîtra-t-elle pas répondre suffisamment à la différence qui existe
« dans l'étendue respective des deux territoires et à la disproportion
« non moins considérable des frais d'exploitation du service des Postes
« dans l'un et dans l'autre pays. Mais vous voudrez bien vous rap-
« peler, ainsi que nous l'avons indiqué plus haut, que les choses
« n'étaient pas entières, et qu'en présence d'un engagement obligatoire
« jusqu'à la fin de 1857, tout ce qu'on pouvait demander à la Belgique,

« vu défendre si vaillamment les droits de la presse, quand il s'occupera de
« rendre à la presse française, l'arme de l'intelligence nationale, les garanties
« dont elle a été privée en vertu de stipulations consenties par des négocia-
« teurs ignorants, malhonnêtes ou légers. »

— 9 —

« c'était que le tarif de répartition modifié fut conforme au tarif pré-
« cédemment en vigueur, et, sous ce rapport, les conditions de la
« taxe actuelle, comparées à celles de la convention de 1847, repré-
« sentant en notre faveur un bénéfice qui, tout léger qu'il soit, n'en
« atteste pas moins, à la fois, et la sollicitude éclairée de l'Administra-
« tion française, et l'esprit conciliant et libéral dont le Gouvernement
« belge a fait preuve durant le cours de ces négociations délicates. »

Le 25 novembre 1849 il était conclu avec la Suisse une convention
fixant à 40 centimes, dont 25 centimes pour la France et 15 centimes
pour la Suisse, la taxe des lettres simples franco-suisses. Cette fois
encore, comme précédemment lors de la négociation du traité addi-
tionnel avec la Belgique, la question n'était pas entière et la Suisse
avait invoqué des traités qui n'expiraient que dans six ans, au 31 décembre 1855, pour refuser de conclure un nouveau traité entièrement
conforme à l'équité.

Enfin le Gouvernement français, libre dans son action vis-à-vis du
Gouvernement sarde, put conclure avec ce gouvernement, sous la
date du 9 novembre 1850, une convention fixant à 50 centimes dont
$2/3$ pour la France et $1/3$ pour la Sardaigne, le port simple des lettres
franco-sardes.

L'approbation donnée par la Commission de l'Assemblée nationale [1] chargée de l'examen du projet de loi autorisant la ratification
de la Convention du 9 novembre 1850 était complète, cette fois,
comme l'attestent le préambule et la conclusion du rapport très-
étudié et fortement motivé fait par M. Lagrené au nom de cette
commission, préambule et conclusion dont voici les termes :

« Déjà précédemment, aux mois d'août 1849 et de février 1850,
« l'Assemblée nationale a été saisie de l'examen de deux conventions
« postales, conclues, la première avec la Belgique, le 27 avril 1849,
« et la seconde avec la Confédération helvétique, le 25 novembre sui-
« vant. Mais dans ces deux circonstances, l'initiative du Gouvernement
« lié par des stipulations encore en vigueur, n'avait pu s'exercer que
« dans une certaine limite qui restreignait naturellement la portée
« de votre contrôle. Il avait dû se contenter d'introduire dans nos re-
« lations internationales quelques améliorations de détail, et, de votre
« côté, messieurs, vous n'aviez pu que l'engager à saisir la première
« occasion favorable pour consacrer, dans leur ensemble, les *vrais*

---

[1] Cette commission était composée de MM. de Saint-Priest (Félix), de Lagrene,
général Régnault de Saint-Jean d'Angély, Dufour, Monet, Bixio, Jouy, Vernhette
(Amédée), de Flavigny, Malbois, Chauvin, Bertrand (Yonne), Chauchard, Roux-
Carbonnel, Mimerel.

« *principes qui doivent* à l'avenir, en ce qui concerne le service des
« correspondances, *former la base de nos rapports avec l'étranger.*

« Cette occasion vient de se présenter, et dès lors, libre dans son ac-
« tion, affranchi des entraves que lui imposaient, à l'époque des négo-
« ciations antérieures, des engagements non périmés, le Gouverne-
« ment n'a rien négligé pour *établir enfin ce système d'égalité et de*
« *réciprocité dont lui-même avait signalé les avantages, et dont vos*
« *commissions avaient unanimement recommandé l'application.*

. . . .

« En présence de semblables résultats, qui témoignent à la fois de
« la sollicitude éclairée du Gouvernement, et de son désir de formuler
« dans la pratique les vœux et les idées dont vos précédents rappor-
« teurs ont été les interprètes, la complète approbation de votre com-
« mission ne pouvait être un moment douteuse. La vôtre, nous l'es-
« pérons, messieurs, ne le sera pas davantage, et c'est à l'unanimité
« que nous avons l'honneur de vous proposer l'adoption du projet de
« loi dont la teneur suit. »

IV

M. le baron de Veauce et M. Le Cesne ne connaissaient évidemment
pas, à la date du 12 avril, les rapports dont nous venons de citer des
extraits; car ces rapports mettent à nu le vice radical des doctrines
qu'ils ont émises à l'occasion du projet de loi voté par le Corps législatif à cette date.

S'ils avaient lu ces rapports, dignes d'être cités comme des modèles
du genre, les deux honorables députés auraient compris que la mise en
parallèle de deux chiffres de taxe ne signifie rien, si on ne compare
pas chaque taxe avec le service qu'elle doit rémunérer, et qu'il suffit
d'examiner la question un peu à fond, en se plaçant à ce point de vue qui
est le seul logique, pour arriver à une conclusion tout à fait contraire à
celle qu'ils ont formulée.

De deux taxes différentes, celle dont le chiffre est le plus faible se
trouve souvent être en fait, la moins libérale des deux. Un exemple,
emprunté précisément au discours de l'honorable M. Le Cesne, va faire
toucher cette vérité du doigt.

La taxe dont sont passibles, en vertu de la convention du 21 octobre 1867, les lettres échangées par la voie des paquebots allemands,

entre les États-Unis et l'Allemagne, est citée comme prouvant tout à la fois et le libéralisme de ces puissances et l'esprit fiscal auquel la France obéirait. Cette taxe n'étant que de 4 silbergros (50 c.) ou 10 cents (52 c.) par 15 grammes, pourrait être assurément considérée comme très-modérée, si les lettres auxquelles elle est applicable étaient acheminées au moyen d'un *véritable service postal*, c'est-à-dire au moyen d'un service direct, régulier et rapide, analogue à celui qui existe entre Brest et New-York. Mais tel n'est pas le cas. L'échange direct des dépêches entre les bureaux de la Confédération de l'Allemagne du Nord et les bureaux américains, s'opère exclusivement au moyen de services commerciaux qui jouissent de toute la liberté que réclame l'intérêt de leur trafic, et qui ne reçoivent pour toute rémunération qu'une partie de la taxe maritime que payent les envoyeurs des lettres, en sus des taxes territoriales allemande et américaine. De sorte que la convention de 1857, loin d'imposer le plus léger sacrifice à l'office des postes des États-Unis, ou à l'office des postes de la Confédération allemande du Nord, procure, au contraire, un bénéfice net et certain à chacun de ces offices. Si pareil système avait droit aux éloges que lui adresse l'honorable M. Le Cesne, la France, au lieu d'avoir marché dans la voie du progrès, serait moins avancée aujourd'hui qu'elle ne l'était au commencement du siècle. Effectivement, une lettre au-dessous de 15 grammes, adressée du Havre à New-York, par tout bâtiment du commerce partant du premier de ces deux ports pour l'autre, ne payait alors qu'une taxe territoriale française de dix centimes, et une taxe maritime de pareille somme, soit 20 centimes en totalité. Or, aujourd'hui, une lettre de 15 grammes, transportée du Havre à New-York par un paquebot-poste français, supporte au profit du Trésor français, une taxe territoriale et une taxe maritime s'élevant ensemble à 1 fr. 20 c. L'augmentation paraît grande, et cependant l'ancienne taxe laissait un bénéfice net *minimum* de 10 c. par lettre au Trésor français, qui, au contraire, subit aujourd'hui, déduction faite du produit des taxes perçues sur les lettres originaires ou à destination des États-Unis, et seulement pour assurer l'exécution du service postal direct entre les deux pays, une perte sèche de plus de deux millions et demi de francs.

Comme le faisait observer, avec infiniment de raison, le marquis de Hartington, maître général des postes britanniques, dans un discours prononcé à la Chambre des communes, le 1ᵉʳ juin 1869 : « *Ce que* « *les commerçants demandent par dessus tout, ce sont des moyens* « *de communication certains, rapides et sûrs. Ils seraient tout dis-* « *posés à supporter une augmentation de taxe pour s'assurer ces*

« *avantages, plutôt que de perdre aucun d'eux en payant une taxe*
« *plus modérée.* » (*Times* du 2 juin 1869).

V

Nous ne saurions sans donner à la présente note une étendue démesurée relever et discuter en détail chacune des nombreuses erreurs
accumulées dans le discours de l'honorable M. Le Cesne. Mais nous ne
pouvons nous dispenser, puisque nous venons de nous référer à la
citation qu'il a faite des taxes perçues tant sur les lettres franco-américaines que sur les lettres échangées entre l'Allemagne et les États-
Unis, de faire observer que cette citation à elle seule contient deux
erreurs :

1° La taxe de 70 centimes perçue en France sur les lettres pour les
États-Unis affranchies jusqu'à destination et *transmises par la voie
d'Angleterre* est progressive par 10 grammes et non pas 7 $^1/_2$
grammes;

2° La convention du 21 octobre 1867 (art. 5) fixe bien à 4 silbergros ou 10 cents le port des lettres simples affranchies échangées
entre l'Allemagne et les États-Unis par la voie des paquebots allemands, mais elle fixe à 6 silbergros (75 centimes) ou 15 cents (77 centimes) et non à 50 centimes le port des lettres de la même origine pour
la même destination transmises par la voie d'Angleterre.

Ajoutons que les lettres affranchies aux États-Unis pour la Prusse
sur le pied de 15 cents ou 77 centimes et distribuées par les facteurs
ruraux prussiens ne sont livrées aux destinataires que contre payement
d'un droit de factage de $^1/_2$ silbergros (art. 8 de la convention du 21
octobre 1867), tandis que les lettres des États-Unis pour la France
affranchies jusqu'à destination sont toujours remises aux destinataires
exemptes de tout droit ou taxe à leur charge.

Ce détail a son importance si l'on considère que la France qui
possède près de 17000 facteurs ruraux ne perçoit, à part, aucun droit
de factage pour les lettres qu'ils distribuent, tandis que la confédération
allemande du Nord qui, d'après sa dernière statistique officielle, n'en
possède que 8264, réclame aux destinataires, pour le seul service de la
distribution à domicile, par les facteurs ruraux allemands, un droit
supplémentaire de $^1/_2$ silbergros.

VI

Maintenant est-il vrai que la convention du 21 septembre 1869 ait attribué à la France une part léonine ? Si cette incroyable allégation n'eût été entendue ou lue que par ceux qui connaissent l'histoire des négociations entre la France et l'Angleterre nous n'aurions pas besoin de la réfuter, car ils savent de reste que la France, le voulût-elle, ne réussirait jamais à se faire une part léonine en traitant avec l'Angleterre. Mais si, par impossible, elle obtenait un résultat pareil, elle n'en jouirait pas longtemps, car le contrôle efficace et incessant du Parlement obligerait bien vite le gouvernement britannique à dénoncer l'acte international qui blesserait les intérêts anglais.

La vérité est que la France seule serait fondée à se plaindre du système de répartition maintenu par la dernière convention additionnelle. La proportion de $^5/_8$ pour la France contre $^3/_8$ pour l'Angleterre remonte à vingt-sept ans. Elle a été fixée en premier lieu par la convention du 3 avril 1843 ; c'est-à-dire à une époque où l'étendue du territoire desservi par les postes anglaises était la même qu'aujourd'hui et où l'étendue du territoire exploité par les postes françaises était inférieure à ce qu'elle est depuis que la Savoie et l'arrondissement de Nice ont été réunis à la France.

Les prix de livraison par 30 grammes ou par once britannique de lettres, poids net, étaient fixés à 2 fr. du côté de la France et à 1 fr. 20 c. du côté de l'Angleterre. Aux termes de la convention du 3 avril 1843 (art. 47) l'Office britannique devait payer à l'Administration française, en sus du prix de 2 fr. représentant le port français, 1 fr. 25 c. par 30 grammes pour le port étranger des lettres anglaises affranchies à destination de la Savoie et de l'arrondissement de Nice. Or, bien que le service postal exécuté dans les territoires annexés à la France, en vertu du traité du 24 mars 1860, soit plus perfectionné et plus coûteux qu'il ne l'était avant l'annexion, les proportions de $^5/_8$ et de $^3/_8$ correspondant à l'étendue respective des services français et britannique antérieurement à 1860 sont maintenues par la Convention de 1869, ce qui constitue un avantage réel pour l'Angleterre. Cet avantage peut être d'autant moins contesté qu'une enquête parlementaire sur le Post-Office ordonnée à la suite d'une motion faite par sir Thomas Wilde, dans la séance de la

Chambre des communes du 27 juin 1843, a pleinement établi que le traité du 3 avril 1843 était très-favorable aux intérêts anglais. Il n'y a qu'à se reporter d'ailleurs à l'Annuaire des postes de 1859 (pages 30 et 31) pour reconnaître combien ce traité était onéreux à la France.

En 1856, deux agents supérieurs des postes britanniques se rendirent à Paris pour discuter avec l'administration française une Convention destinée à remplacer celle de 1843. L'un de ces commissaires, M. William Page, qui comptait déjà plus de 20 ans de services distingués dans les postes britanniques, possédait au suprême degré l'aptitude et les connaissances spéciales que réclame la discussion des questions de poste internationales. Depuis cette époque il n'a pas cessé de jouir de la confiance méritée de son gouvernement qui vient tout récemment encore de lui donner une nouvelle preuve de cette confiance en l'envoyant, pour la seconde fois, à Berlin, à l'effet de discuter directement, avec l'Administration prussienne, les bases d'une Convention postale qui se négocie depuis bientôt deux ans entre l'Angleterre et la Confédération de l'Allemagne du Nord. Les intérêts anglais étaient donc en bonnes mains lors des négociations qui aboutirent à la Convention du 24 septembre 1856. Aussi ne put-on pas obtenir le complet redressement du dommage que causaient à la France certaines stipulations du traité de 1843. Le système de l'échange au poids, par exemple, condamné dans les rapports des commissions de l'Assemblée législative que nous avons déjà cités [1], dut être maintenu par la Convention de 1856 pour toutes les catégories de lettres dont les conditions d'échange avaient fait l'objet des stipulations du traité de 1843. L'échange à la pièce ne fut admis que pour les lettres insuffisamment affranchies au moyen de timbres-poste, le traité de 1843 ne parlant pas de ces lettres.

Que l'honorable M. Le Cesne ne connaisse pas ces détails rétrospectifs, cela se conçoit ; mais ce que l'on comprend plus difficilement, c'est qu'il ait été jusqu'à placer sur la même ligne le service français et le service anglais pour la fixation des taxes postales respectives, alors que les documents statistiques publiés tant par l'administration française que par l'Administration anglaise lui permettaient d'établir sans grandes recherches, entre le service français et le service anglais, une comparaison de laquelle serait résultée la preuve matérielle que, dans son ensemble, le tarif français est, toutes proportions gardées, plus modéré que le tarif anglais. Ceci, a du reste, été clairement démontré

---

[1] Voir le rapport n° 1533, fait par M. de Lagrené, sur la convention du 9 novembre 1850, p. 11 et 12.

par un rapport officiel inséré dans l'Annuaire des postes de 1867 (pages v, vi et vii).

Les îles britanniques n'ont ensemble qu'une superficie de 315,942 kilomètres carrés. La France et l'Algérie représentent une superficie de 932,390 kilomètres carrés.

Le quinzième rapport annuel de l'Office britannique (1er juin 1869) constate qu'en 1868 cet Office ne mettait encore à la disposition du public que 17,741 boîtes aux lettres, tandis que l'Administration française, en 1866, possédait déjà plus de 43,000 boîtes aux lettres levées au moins une fois chaque jour.

Le nombre des facteurs ruraux anglais atteint à peine le tiers du nombre des facteurs ruraux français.

A l'occasion d'une discussion qui a eu lieu à la Chambre des communes le 7 juillet 1868 sur le « Post-Office » (Times du 8 juillet 1868), un membre de cette chambre, M. Ramsay a pu dire, sans être contredit, que les lettres de Londres pour certaines parties de l'Écosse ne pouvaient pas parvenir à destination en moins d'un mois. Il a ajouté que pendant les 50 dernières années il avait lui-même fait transporter gratuitement les dépêches dans quelques-uns des districts éloignés de l'Écosse. Rien de semblable n'existe en France.

En 1868 les recettes et les dépenses de l'Office britannique, se sont balancées comme il suit :

Recettes...........................	117,091,150 fr.
Dépenses..........................	81,668,100
Produit net......................	35,423,050

Si les produits bruts du service des Postes françaises sont exactement connus il n'en est pas de même des dépenses qu'il occasionne aux contribuables. Aux sommes payées par le département des Finances, par le ministère de la Guerre et par le gouvernement général de l'Algérie pour l'exécution du service des Postes, il faut ajouter celles que l'État aurait à payer aux compagnies de chemins de fer à raison des services qu'elles rendent à la Poste, s'il n'avait pas contribué par des subventions et des garanties d'intérêt à la construction de notre réseau ferré. Car si le transport des dépêches, des bureaux ambulants et des agents des Postes est gratuit ou effectué à prix réduit par les chemins de fer au point de vue du budget spécial des Postes, il ne l'est pas au point de vue du budget général de l'Etat. Il s'ensuit que le Gouvernement français ne serait pas dans le vrai si, en discutant avec le Gouvernement anglais les bases de la répartition du produit de la taxe des correspondances échangées entre la France et l'Angleterre, il opposait au budget spécial des Postes anglaises, qui comprend toutes les dépenses et les recettes résultant du service postal anglais, le budget spécial de l'administration des Postes françaises qui comprend bien toutes les recettes, mais n'indique qu'une partie des dépenses résultant du service postal. Il y a donc lieu, en pareil cas, d'ajouter aux dépenses payées par l'administration des Postes sur les crédits qui lui sont alloués, les sommes payées par le ministère de la Guerre et par le gouvernement général de l'Algérie pour le service des correspondances, ainsi que la somme que l'administration des Postes aurait à payer aux compagnies de chemins de fer, si l'Etat n'avait accordé aucun concours financier à ces compagnies. L'évaluation de cette dernière somme présente sans doute quelques difficultés. Elle a été faite cependant; et, bien qu'elle ait plus de 4 ans de date et que la circulation postale sur les chemins de fer se soit considérablement accrue dans le cours de ces quatre années, nous prendrons simplement le chiffre qu'indique le rapport officiel publié par l'annuaire des Postes de 1867 (pages XI et XII). Il résulte de ce rapport que l'équivalent chiffré du service rendu à l'administration des Postes par les chemins de fer et non payé par elle s'élèverait annuellement à..... 61,814,000 fr.

si l'on ajoute à cette somme celle de............ 69,244,891 fr.
demandée au nom de l'administration des Postes
pour 1871 (chapitres LXVI à LXIX) et celle de..... 2,700,286
pour le service postal entre la France et l'Algérie et
à l'intérieur de l'Algérie, on arrive à une dépense
annuelle de................................. 133,759,177
Si l'on déduit maintenant de cette somme celle de. 93,160,000
à laquelle sont évalués les produits bruts de la
Poste, pour 1871, on trouve que le budget particulier
de l'administration des Postes se solderait par un
déficit de....................................... 40,599,171 fr.

si toutes les charges imposées à la communauté pour le service postal français, en France, en Algérie et à l'étranger figuraient sur ce budget.

Il est incontestable que les subventions payées aux compagnies maritimes qui exécutent un service postal, en vertu de marchés passés avec le ministère des Finances ou le ministère de la Guerre, ne sont pas motivées seulement par les besoins du service des postes, mais les mêmes considérations existent pour les subventions payées aux compagnies maritimes qui exécutent un service postal en vertu de marchés passés avec le gouvernement anglais; et ces subventions sont comprises dans le chiffre des dépenses que nous avons indiquées pour l'Office anglais et qui ont laissé à l'Échiquier britannique un produit postal net de plus de 35 millions de francs en 1868.

VII

Ces chiffres suffiraient pour attester le libéralisme de la France en matière postale. Le tarif applicable aux lettres transportées par les paquebots-poste français en donne une preuve encore plus manifeste.

Si peu de personnes possèdent les connaissances techniques nécessaires pour apprécier avec certitude, d'après un tarif intérieur, les véritables tendances d'un État en matière de tarification postale, tout le monde, du moins, peut facilement juger du degré de libéralisme de deux États, sous ce rapport, lorsque tous deux entretiennent, hors de leurs territoires respectifs, des services de poste marchant parallèlement. Or ce terme de comparaison existe pour la France et l'Angleterre. L'une et l'autre, en effet, possèdent des services maritimes sur des lignes parallèles et il est aisé, d'après les taxes que chacune d'elles perçoit pour les correspondances acheminées au moyen des services qu'elle subventionne, de reconnaître quelle est celle des deux puissances qui obéit aux inspirations les plus libérales.

L'Angleterre a un tarif intérieur destiné à rémunérer un service moyen moins étendu que celui qui est rendu en France aux correspondances intérieures. Elle possède, d'un autre côté, le très-grand avantage, d'une part, de payer, par lieue marine, pour ses services maritimes, des subventions inférieures à celles que paye le gouvernement français, et, d'autre part, d'entretenir avec les pays étrangers desservis tout à la fois par les paquebots français et par les paquebots anglais, des relations commerciales beaucoup plus développées que celles que la France entretient avec les mêmes contrées. Par ces divers motifs, il serait naturel que les taxes anglaises applicables aux lettres de ou pour l'Angleterre acheminées au moyen des paquebots-poste britanniques, fussent plus modérées que les taxes françaises dont sont passibles les lettres de ou pour la France transmises au moyen des paquebots-poste français. Or c'est exactement le contraire qui a lieu, comme le prouve le tableau ci-dessous, dans lequel sont indiquées les taxes perçues sur les lettres que la France et l'Angleterre expédient, chacune de leur côté, par leurs paquebots-poste respectifs, pour les colonies et pays d'outre-mer simultanément desservis par ces paquebots.

DESTINATION DES LETTRES.	TAXE PERÇUE POUR L'AFFRANCHISSEMENT DES LETTRES ORIGINAIRES	
	de France, par 10 grammes.	d'Angleterre, par demi-once $\left(14\frac{172}{1000}\right)$.
	fr. c.	fr. c.
Guadeloupe, Guyane française, Martinique, Sénégal.	» 50	1 25
Pondichéry....................................	» 60	» 93 ³/₄
La Grenade, Guyane anglaise, Jamaïque, Sainte-Lucie, Saint-Vincent, la Trinité..................	» 80	1 25
Aden, Indes-Orientales, Ceylan..................	» 80	» 93 ³/₄
Pénang, Singapore, Hong-Kong	» 80	1 25
Chine, Japon...................................	» 80	1 25
Confédération Argentine, Uruguay, Cuba, Haïti, Mexique, Colombie, Porto-Rico, Saint-Thomas, Venezuela...	» 80	1 25
Bolivie, Chili, Equateur, Pérou..................	1 »	1 87 ¹/₂

On reste confondu, quand on connaît ces chiffres, en lisant, dans le compte rendu de la séance du Corps législatif du 12 avril, ces paroles de M. Le Cesne : « L'économie entière de cette convention repose « sur un système de fiscalité dont rarement l'administration en France « et plus particulièrement encore l'administration des postes se dé- « partit. »

Heureusement que les étrangers sont plus justes envers l'administration française, que ne l'est l'honorable député du Havre. Tandis qu'il accuse cette administration d'obéir à un esprit fiscal, les étrangers la glorifient pour son libéralisme.

Une longue lettre datée de Yokohama du 22 octobre 1869, et publiée dans journal : *Il Diritto*, de Florence, du 14 décembre dernier, n° 348, sous le titre : *La poste italienne*, fournit un spécimen de l'opinion des étrangers sur nos tarifs de poste internationaux. Le correspondant du *Diritto*, fait connaître que les taxes perçues à Yokohama sur les lettres affranchies s'élèvent :

1º Pour la France (voie des paquebots français et de Marseille), par 10 grammes, à. . . . . » 80 c.

2º Pour la Suisse (voie de Trieste), par 15 gram. à. 1 12

3º Pour l'Allemagne (voie de Trieste), par 15 gr. 1 28 ⁴/₅

4º Pour l'Angleterre (voie de Marseille), par ¹/₂ once, à. . . . . 1 79 ¹/₅

5º Pour l'Italie (voie de Brindisi), par 15 gram., à 1 79 ¹/₅

A la suite de ce relevé l'auteur de la lettre dit ceci : « Avez-vous « vu ? Nous nous trouvons les premiers sur la route d'Orient, et nos « correspondances coûtent plus cher que celles des autres États. »

La taxe des lettres pour la France est sans doute progressive par 10 grammes, tandis que celle des lettres pour la Suisse, l'Allemagne et l'Italie est progressive par 15 grammes, et celle pour l'Angleterre par $^t/_2$ once anglaise (14 gr. 172); mais le correspondant du *Diritto* ne s'y trompe pas, il sait parfaitement que la progression décimale suffit aux besoins ordinaires du commerce. L'honorable M. Le Cesne attribue à la progression par 15 grammes, une influence qu'elle n'a pas dans la pratique. L'Office britannique qui depuis 1840 traite, comme simples, les lettres ne dépassant pas une demi-once, a constaté lui-même, vingt ans après cette réforme, c'est-à-dire lorsque les habitudes du public étaient bien fixées, que les lettres pour les pays d'outre-mer, qui sont les plus pesantes, dépassent rarement le poids d'un tiers d'once anglaise (9 grammes 448). Le septième rapport annuel publié par l'Office britannique dit en effet (page 12) que le poids moyen des lettres coloniales est d'un peu plus d'un tiers d'once. Ce chiffre indique clairement que le plus grand nombre des lettres pèse moins de 10 grammes, puisque le poids moyen des lettres simples et pesantes réunies est de 10 grammes environ.

VIII

M. Le Cesne dit encore : « Le service postal se compose de trois « parties distinctes : d'abord l'assortissement, le parcours et finale- « ment la distribution. Dès lors, qu'on arrive à avoir un service inter- « national, évidemment, il n'y a plus les mêmes taxes d'assortisse- « sement ou de distribution. » Il ignore sans doute que les lettres internationales parcourent sur le territoire français une distance moyenne bien supérieure à celle que parcourent les lettres intérieures, et que cette différence de parcours, à elle seule, fait plus que compenser la non-exécution de l'un des deux services du relevage ou de la distribution, suivant le cas. Mais ce qu'il ne devrait pas ignorer, c'est que les correspondances internationales donnent lieu à des travaux particuliers, et entraînent l'établissement de services spéciaux fort coûteux, dont seules elles profitent, et dont, en bonne justice, seules elles devraient par conséquent supporter les frais.

Alors même que la non-exécution du service de relevage ou de distribution des correspondances internationales produirait une véritable économie, ce qui n'est pas, est-ce que cette économie pourrait être sérieusement mise en balance avec les dépenses que nécessitent la manipulation par les bureaux ambulants de Paris à Calais, et le transport, à travers la Manche, des correspondances de ou pour l'Angleterre ?

Pour ne parler que de ce dernier article de dépense, nous ferons observer qu'indépendamment de la subvention de 190,000 francs inscrite au budget (chapitre LXIX) pour le service français entre Calais et Douvres, le Trésor est obligé de payer 5 centimes pour chacune des lettres comprises dans les dépêches transportées par les paquebots naviguant entre Boulogne-sur-Mer et Folkstone, entre Cherbourg et Guernesey et Jersey, entre Dieppe et Newhaven, entre Granville et Guernesey et Jersey, entre le Havre et Southampton, entre Morlaix et Southampton, et entre Saint-Malo et Guernesey et Jersey.

La transmission des lettres internationales impose donc au Trésor public des frais hors de toute proportion avec ceux que nécessite la transmission des lettres nationales. Or, contre toute équité et toute raison, c'est au profit des premières, dont le port est acquitté en partie par les étrangers, et non au profit des secondes, dont le port est payé par les seuls contribuables français, que l'honorable député de la Seine-Inférieure propose d'établir un tarif de faveur.

Cette proposition contraire aux saines doctrines économiques et aux règles d'une bonne administration, n'est pas moins antinationale qu'antidémocratique. Elle est antinationale, car son adoption servirait les intérêts étrangers au détriment des intérêts français. Elle est antidémocratique, car elle favoriserait surtout le haut commerce et les classes riches qui ont des rapports suivis avec l'étranger, au détriment du petit commerce et des classes moins aisées, qui n'ont que peu ou point de relations hors du pays, et qui, par le fait de la réduction exagérée et intempestive des taxes internationales, seraient privés des diminutions de taxe intéressant tous les contribuables français.

IX

Quant à cette allégation que le gouvernement français n'aurait pas réussi à conclure un nouveau traité postal avec le gouvernement américain, parce que seul il persisterait dans un système uniformément condamné, elle est doublement erronée.

D'abord ce n'est pas le système français qui s'est opposé jusqu'à présent à la conclusion d'un nouveau traité postal franco-américain ; et ensuite ce système lui-même n'est aucunement condamné par les administrations étrangères éclairées, car ces administrations elles-mêmes s'y rattachent au contraire fortement, pour leur propre compte, quand elles y ont intérêt.

Il est constant que l'insuccès des dernières négociations postales avec les États-Unis ne saurait aucunement être attribué aux instructions de M. le ministre des finances. Nous ne reviendrions donc pas sur ce sujet si nous n'avions lu dans le journal *le Havre*, du 13 avril 1870, un article qui, à l'occasion du discours prononcé la veille par le député du Havre, impute cet insuccès au « ministère « des Finances, où règnent encore, » dit-il, « ces errements routiniers « qu'il s'agit de transformer. »

Pour rendre hommage à la vérité, nous devons protester contre cette appréciation dont la souveraine injustice est surabondamment prouvée par la correspondance sur les négociations postales franco-américaines communiquée au sénat des Etats-Unis le 10 janvier 1870 (*41st. congress-senate. — Ex-Doc.* n° 14).

Dans la lettre datée de Paris du 15 octobre 1869 et adressée à M. Creswell, maître général des postes des Etats-Unis, à la suite d'une conférence tenue exceptionnellement au ministère des finances, le négociateur américain, M. le sénateur Ramsey, reconnaît les dispositions conciliantes et libérales du ministre des finances (voir pages 110 et 111 des documents communiqués au sénat américain). Il expose que : « M. Magne manifestait le vif désir de voir conclure un arrange-« ment, et qu'il avait demandé si l'on ne pourrait pas obtenir tous les « autres points essentiels d'une convention améliorée en fixant le « port de la lettre simple à 70 centimes ou 14 cents. »

M. Ramsey ne paraît avoir fait aucune objection contre ce chiffre de taxe qu'il eût, suivant toute probabilité, admis définitivement si la stipulation réglant le partage de la taxe internationale eût été conçue de manière à remplir la condition *sine qua non* posée, dès l'origine et maintenue invariablement, par le gouvernement américain. Cette condition, dont les Etats-Unis faisaient une question d'amour-propre national et qui, du reste, pouvait se justifier, consistait à demander que si la taxe territoriale française et la taxe territoriale américaine étaient l'une et l'autre spécialement désignées dans le traité à intervenir, le chiffre de chacune de ces taxes fût le même pour les deux pays.

Au mois d'octobre 1869, grâce à une combinaison proposée par l'Office américain lui-même, le prix du transport intermédiaire par la voie d'Angleterre, avec la progression décimale, pouvait être évalué, en moyenne, à 28 centimes environ par lettre simple [1]. Ce chiffre déduit de la taxe de 70 centimes proposée par M. le ministre des finances laissait une somme de 42 centimes à répartir par moitié entre la France et les Etats-Unis. M. le ministre des finances ne demandait pas davantage. Il suffisait donc, pour concilier les prétentions respectives des deux gouvernements, de stipuler que le produit des taxes de 70 centimes et de 10 cents serait partagé par égales portions entre les deux pays, après avoir déduit les frais du transport intermédiaire, sans mentionner les deux taxes terminales.

Or, il résulte de la lettre adressée le 19 octobre (page 115) qu'on a proposé à M. Ramsey de diviser la taxe de 70 centimes comme il suit :

Port intermédiaire.	35 centimes.	⎫
Port français.	20 id.	⎬ 70 centimes.
Port américain	15 id.	⎭

Après les déclarations formelles faites antérieurement par le négociateur américain, la proposition ainsi formulée n'avait évidemment aucune chance d'être adoptée : aussi fut-elle promptement repoussée par M. Ramsey. Mais il ne paraît pas que ce soit M. le ministre des finances qui ait suggéré le mode de partage rejeté le 19 octobre, ou du moins la correspondance communiquée au sénat américain ne contient rien qui autorise à le supposer. Nous ne voyons donc pas ce qui a pu porter le journal « *le Havre* » à émettre l'opinion qu'il exprime à cet égard. Elle aurait besoin, dans tous les cas, d'être justifiée autrement que par une affirmation quand des documents officiels semblent la démentir d'une manière aussi positive que nous venons de le montrer.

---

[1] Par suite d'une nouvelle convention conclue entre l'Angleterre et les États-Unis les 3-14 décembre 1869, le prix du transport intermédiaire par voie anglaise a été réduit de telle sorte, que la taxe internationale entre la France et les États-Unis pourrait être fixée maintenant à 60 c. par 10 grammes, en cas d'affranchissement, pour les lettres passant par l'Angleterre, si un nouveau traité postal intervenait entre la France et les États-Unis.

X

Nous avons dit que les administrations étrangères éclairées appliquent, pour ce qui les concerne, quand elles y trouvent leur avantage, le système critiqué par le député du Havre, système qui consiste à ne pas réduire leur propre taxe pour les lettres internationales au-dessous de ce que payent les lettres intérieures et à tenir compte du service rendu par chaque administration pour la répartition du produit de la taxe des lettres internationales. Les preuves que nous pourrions fournir à l'appui de ce dire sont nombreuses ; mais, pour ne pas les multiplier sans nécessité, nous nous bornerons à citer quelques exemples que nous emprunterons aux nations désignées par l'honorable M. Le Cesne comme libérales entre toutes.

Pour ce qui concerne l'observation du principe du tarif intérieur, nous ferons observer que la Suisse n'accorde pas même le bénéfice du sien aux correspondances internationales. La Prusse, allant sous ce rapport plus loin que la France, qui supprime au moyen de traités diplomatiques les droits de timbre applicables à des journaux étrangers importés par la voie de la poste, respecte à ce point le principe du tarif intérieur pour ce qui la regarde, qu'elle refuse même de supprimer le droit de factage rural, qu'elle perçoit, en sus du port, sur les lettres provenant des pays où les lettres affranchies d'origine prussienne sont distribuées par les facteurs ruraux exemptes de tout droit de factage. Ainsi l'article 24 du Traité postal, conclu le 29 mai 1868 entre la Confédération de l'Allemagne du Nord et la Belgique, stipule qu'en sus des taxes fixées par ce Traité, on continuera à percevoir :

« Soit le droit de timbre qui pourrait exister, soit la taxe rurale de
« distribution là où elle est encore perçue. »

La taxe rurale n'existant pas en Belgique, cette stipulation n'a d'autre objet que de permettre à l'Office prussien de faire percevoir un droit de factage sur les correspondances belges distribuées dans les campagnes par ses facteurs, sans que la Belgique puisse appliquer une taxe rétorsive.

Quant au principe touchant la répartition du produit des taxes internationales, pour savoir ce que les administrations étrangères bien organisées en pensent réellement et comment elles l'appliquent, dans les Conventions auxquelles la France ne participe pas, il n'y a qu'à lire les messages du Conseil fédéral suisse à l'Assemblée fédérale sur les conventions postales conclues par la Suisse le 8 août 1861 avec l'Italie (message du 27 novembre 1861), le 11 avril 1868 avec les États d'Allemagne (message du 6 juillet 1868) et le 15 juillet 1868 avec l'Autriche (message du 20 juillet 1868). On trouvera ci-après pages 34 à 36, des extraits de ces messages qui prouvent que les pays même dont M. Le Cesne vante le libéralisme appliquent avec plus de vigueur encore que la France les principes qu'il a critiqués.

XI

Si l'organisation de notre service postal ne laissait plus rien à désirer, si tous les agents appartenant à ce service important étaient suffisamment rétribués [1] et enfin si la situation budgétaire le permettait, on comprendrait la diminution : d'abord des taxes intérieures, puis des taxes internationales ; mais malheureusement nous n'en sommes pas là. Dans l'état actuel des choses, la réforme réclamée par l'honorable M. Le Cesne serait une réforme à contre-sens.

Pour rendre cette vérité plus évidente, il nous suffira de rappeler sommairement ce qui a été fait, depuis la révolution de Février, tant en faveur des correspondances intérieures qu'en faveur des correspondances internationales.

En 1847, les lettres simples circulant en France de bureau à bureau supportaient, en moyenne, une taxe de 40 centimes. A la même époque, le port territorial français des lettres internationales tel qu'il résultait de la loi du 15 mars 1827 ressortait, en moyenne, par lettre simple, à 55 centimes $^{5}/_{10}$. Le port des lettres intérieures ayant été abaissé au taux uniforme de 20 centimes pour les lettres affranchies et de 30 centimes

---

[1] Le crédit demandé dans le projet de budget de 1871 (chap. LXVI, art. 1er), pour traitement et haute paye de 16,965 facteurs locaux et ruraux (appointements par an de 240 à 900 francs), est de 10,104,130 francs, soit en moyenne 595 fr. 585 m. par facteur. En présence de ce chiffre dont la modicité est certainement commandée par l'état de nos finances, l'inopportunité de toute réduction non justifiée du tarif international est vivement mise en lumière par le passage suivant extrait de l'*Annuaire des Postes* de 1867, page 18 : « *Le traitement moyen des facteurs* » *de la Belgique, où la vie est moins onéreuse qu'en France, est de 750 francs,* » *et le traitement des facteurs du télégraphe francais, dont la condition est moins* » *pénible que celle des facteurs ruraux, est de 800, 900 et 1,000 francs.* »

pour les lettres non affranchies, une réduction proportionnelle en faveur des lettres internationales ferait ressortir, en moyenne, le port territorial français dont ces lettres sont passibles :

A 27 centimes $^{75}/_{100}$ en cas d'affranchissement, et 41 centimes $^{6}/_{10}$ en cas de non-affranchissement.

Or, à partir du jour où la Convention additionnelle du 21 septembre 1869 sera exécutoire et en admettant que les autres taxes résultant de notre tarif international ne soient pas modifiées, le port moyen des lettres simples affranchies et non affranchies échangées entre les habitants de la France et de l'Algérie, d'une part, et les habitants soit de nos colonies, soit des pays avec lesquels nous sommes liés par des Conventions postales, soit des villes étrangères où existent des établissements de poste français, [1] ne s'élèvera plus en totalité (*port intérieur et port extérieur maritime ou étranger réunis*) qu'à 41 centimes $^{5}/_{10}$, dont 24 centimes $^{44}/_{100}$ de port territorial ou maritime français et 17 centimes $^{7}/_{100}$ de port étranger. De telle sorte que le *port entier* des lettres affranchies ou non affranchies, provenant ou à destination des colonies et des pays étrangers précités sera inférieur, en moyenne, à la *taxe territoriale française,* moyenne, que supportaient les lettres internationales sous le régime de la loi du 15 mars 1827. Le chiffre de 24 centimes $^{44}/_{100}$ qui représente le produit moyen, par lettre simple, résultant des *taxes territoriales et maritimes* à percevoir, au profit du Trésor français, sur les lettres en question, n'atteindra pas même le chiffre de la taxe *territoriale* française que devraient supporter les seules lettres affranchies si le port français des correspondances de ou pour l'étranger eût été réduit dans la même proportion que celui des lettres circulant en France de bureau à bureau. Ne perdons pas de vue que ce chiffre de 24 centimes $^{44}/_{100}$ comprend, indépendamment du port territorial français, le prix du transport maritime des lettres acheminées au moyen des paquebots-poste français et provenant ou à destination de la Corse, de l'Algérie, des colonies françaises, de l'Angleterre, de l'Italie, de la Grèce, du Brésil et des villes étrangères où existent des bureaux de poste français. N'oublions pas non plus que le montant des crédits réclamés par l'Administration des Postes pour les subventions à payer aux compagnies maritimes en 1871 (chapitres LXIX) s'élève à 27,335,246, chiffre supérieur à celui des subventions payées par l'Angleterre elle-même qui, pour un service maritime beaucoup plus étendu que le nôtre, ne paye que 23,000,000 francs environ, et dépassant considéra-

---

[1] Il existe des bureaux de poste français à Tanger, à Tunis, en Égypte, en Syrie, en Turquie, à Shang-Haï (Chine), et à Yokohama (Japon).

blement le chiffre total des dépenses de l'Administration des Postes du royaume d'Italie qui, en 1868, n'a dépensé *que* 16,366,993 fr. dont 6,224,956 francs pour son service maritime.

Les exemples présentés dans le tableau ci-après, page 33, peuvent donner une idée des réductions opérées depuis 1847 dans notre tarif international.

De même qu'on peut affirmer qu'aucun État du globe ne possède un tarif intérieur d'après lequel les lettres affranchies pour le prix de 20 centimes, transmises au moyen de véritables services postaux sur une route aussi longue que celle qui sépare nos bureaux de poste algériens des départements français situés sur le canal de la Manche, sont remises aux destinataires habitant les campagnes sans aucun droit de factage, de même on peut certifier qu'aucune administration étrangère n'exécute, au profit des lettres internationales, un service analogue à celui que l'Administration française exécute pour le prix moyen, plus que modique, de 24 centimes $^{44}/_{100}$.

D'après les tableaux publiés dans l'*Annuaire des Postes* de 1870 (p. 23 et 28) le nombre des lettres intérieures, qui était en 1848 de 122,140,400, se serait élevé, en 1868, à 348,655,000, et le nombre des lettres internationales, qui n'était encore, en 1848, que de 7,249,184, aurait atteint, en 1868, le chiffre de 31,344,240.

Il résulte de ces chiffres que, contrairement à ce qui a lieu partout ailleurs, le nombre des lettres internationales s'est accru en France dans une plus forte proportion que celui des lettres intérieures. Effectivement, l'année 1868 donne, par rapport à 1848, une augmentation de 332 p. 0/0 en ce qui concerne les lettres internationales, et une augmentation de 186 p. 0/0 seulement en ce qui concerne les lettres intérieures. Il est vrai que le pays s'est imposé, depuis 1848, en faveur de la correspondance internationale, des sacrifices hors de toute proportion avec ceux qui ont été faits au profit de la correspondance intérieure. Les sacrifices que supportent aujourd'hui les contribuables français en faveur des correspondances étrangères dépassent, dans une énorme mesure, le produit brut qu'elles procurent à la poste.

Et c'est en présence d'un pareil état de choses que des membres du Corps législatif engagent le gouvernement à se départir, en faveur des correspondances étrangères et au détriment des correspondances françaises, des sages principes dont l'observation a été unanimement recommandée par les diverses commissions de l'Assemblée législative qui ont eu à examiner les conventions postales conclues de 1849 à 1851.

Il n'est pas douteux que des informations inexactes et un examen superficiel des questions soulevées à l'occasion du projet de loi voté le 12 avril, ont seuls pu conduire les honorables membres à exprimer une opinion et à formuler des conclusions aussi contraires aux intérêts bien entendus de la France que le sont celles qu'ils ont soumises au Corps législatif. Sachant combien sont peu fondés les reproches adressés à notre tarif international, nous avons considéré comme un devoir impérieux pour nous, envers le pays, de rétablir les faits ignorés ou méconnus et de discuter les doctrines dont l'adoption serait funeste aux intérêts français. Nous avons cru d'autant plus urgent d'accomplir cette tâche que la discussion prochaine du projet de loi pour la fixation des recettes et des dépenses de l'exercice 1871 pourrait conduire le Corps législatif, s'il restait sous l'impression qu'a dû lui causer le discours de M. Le Cesne, à s'associer, par un vote favorable, aux idées émises par l'honorable député du Havre, dans le cas où les modifications proposées au budget de l'administration des postes soulèveraient une discussion basée sur les mêmes idées.

XII

Le budget proposé pour 1871 présente, par rapport au budget de l'exercice courant, deux changements qui touchent à nos rapports avec les pays étrangers et qui suffiraient, à eux seuls, pour faire repousser comme inopportune la proposition de réduire d'une manière générale nos tarifs internationaux, en admettant même, ce qui n'est pas, que cette proposition se justifiât sous d'autres rapports. En effet, tandis que le budget des dépenses prévoit une augmentation sur le chapitre des subventions, le budget des recettes annonce une diminution sur le produit des offices étrangers. Les deux sommes réunies forment un total de 3,338,391 francs, qui se divise ainsi :

I. Le chiffre des subventions (chapitre LXIX) est porté de 25,783,853 francs à 27,335,246 fr., augmentation 1,551,393 fr. Cette augmentation est justifiée et résulte d'ailleurs de lois déjà votées.

II. Le produit net des offices étrangers (*Recettes.* — Pages 128 et 129), évalué à 5,545,000 francs au budget de 1870, n'est plus évalué pour 1871 qu'à 3,758,000 francs, diminution 1,787,000 francs.

Ce que le budget des recettes désigne sous le titre de : *Produit net des offices étrangers* représente le solde, en faveur de la France, de la balance des comptes entre l'administration des postes françaises et les offices étrangers. Ce solde qui était en 1840 de 1,252,611 avait insensiblement diminué, d'année en année, jusqu'en 1843, époque où il était tombé à 812,729. A partir de cette date, et grâce à l'observation des règles tracées dans les rapports des commissions de l'Assemblée législative, le solde des comptes internationaux s'est accru presque d'année en année jusqu'en 1868 [1], comme le prouvent les chiffres suivants :

Années.	Solde au profit du Trésor français.
1849	860.584
1850	944.676
1851	1.072.458
1852	1.171.785
1853	1.108.959
1854	1.337.037
1855	2.112.040
1856	2.007.733
1857	2.050.476
1858	2 372.268
1859	2.590.573
1860	2.747.010
1861	3.066.581
1862	3.298.240
1863	3.870.040
1864	4.403.920
1865	4.614.942
1866	5.048.981
1867	5.329.848
1868	5.425.634

L'accroissement de cette branche des produits des postes est d'autant plus remarquable que, loin d'être la conséquence d'une suréléva-

[1] Tous les annuaires des Postes, publiés de 1857 à 1867 inclusivement, contiennent, pour l'année écoulée, un tableau présentant la balance individuelle des comptes entre l'administration française et chacun des offices étrangers correspondants, ce qui permet d'apprécier, dans une certaine mesure, les résultats financiers de chaque convention nouvelle; mais les annuaires de 1868 à 1870 indiquent seulement les chiffres de la balance générale de tous les comptes internationaux, et il n'est pas possible de savoir, d'après ces chiffres, sur quels comptes en particulier, portent les augmentations ou diminutions du solde revenant au Trésor français pour les années postérieures à 1866.

tion des tarifs, il coïncide, comme on vient de le voir, avec une réduction énorme des taxes internationales. Le développement de la richesse publique et les facilités nouvelles accordées au commerce pour la transmission des correspondances internationales, notamment par l'extension donnée, depuis quelques années, à nos lignes postales maritimes [1] ont contribué sans doute, pour une bonne part, dans le fait de l'accroissement du solde de nos comptes internationaux, mais c'est surtout par l'effet d'une plus équitable répartition du produit des taxes internationales que ce solde a pu dépasser cinq millions en 1866, et continuer à progresser pendant chacune des deux années suivantes. Nous ne citerons qu'un seul exemple pour montrer l'influence que peut exercer sur la balance des comptes d'Office à Office l'application du principe de la répartition du produit de la taxe des correspondances internationales proportionnellement au service rendu par chaque Office.

La Convention du 3 novembre 1847, mise en vigueur le 1er janvier 1848, avait fait descendre le solde, au profit de la France, résultant de la balance des comptes entre la France et la Belgique pendant l'année 1848, à 10,846 francs. Par suite de la Convention additionnelle du 27 avril, mise à exécution le 1er octobre 1849, et qui attribuait 23 centimes à la France, sur le produit de la taxe uniforme de 40 centimes par 7 grammes et demi contre 17 centimes alloués à la Belgique, le solde s'élevait en 1849 à 27,176 fr. et en 1850 à 72,451 fr. En 1857 il atteignait la somme de 178,725 francs.

On a vu que la commission de l'Assemblée législative, chargée de l'examen du projet de loi tendant à la ratification de la Convention additionnelle de 1849, n'avait approuvé la base de répartition établie par cette Convention, que parce que les choses n'étaient pas entières et que la Convention du 3 novembre 1847, obligatoire jusqu'à la fin de 1857, était encore plus désavantageuse pour nous. Les Conventions de 1847 et de 1849, ayant été dénoncées, dans le délai de rigueur, il a été conclu, entre la France et la Belgique, le 3 décembre 1857, une nouvelle Convention qui attribue à la France les 2/3 du produit des taxes perçues sur les correspondances de toute nature adressées de l'un des deux pays dans l'autre. La Convention du 3 décembre a été mise en vigueur le 1er avril 1858. Sous l'influence de cette Convention, le solde annuel en notre faveur s'est élevé pour 1858 à 298,305 fr. et en 1859 à 372,874 fr.

---

[1] Les subventions payées par la poste aux compagnies maritimes n'atteignaient pas tout à fait 4 millions en 1857, elles figurent pour 25,783,853 fr. au budget de 1870 et dépasseront 27 millions en 1871.

Ces chiffres font voir que l'adoption des doctrines professées par M. Le Cesne n'auraient, en somme, d'autre résultat que d'accroitre les recettes des Offices étrangers au préjudice des contribuables français qui devraient, naturellement, combler le vide laissé dans les recettes de la poste française par l'augmentation de produit accordée injustement à ces offices.

XIII

En résumé ce que l'on propose c'est de substituer à un système logique, équitable, dont l'expérience a fait ressortir les avantages incontestables, et qui a été approuvé par les votes unanimes de l'Assemblée législative un système nouveau basé sur des informations inexactes et manifestement contraire aux intérêts légitimes des contribuables français. Quand on propose d'opérer un pareil changement, encore faudrait-il le justifier. C'est ce qui reste à faire et ce qui, croyons nous, ne le sera jamais, car nous tenons cela pour impossible. Le discours prononcé, le 12 avril courant, par l'honorable député du Havre, n'a fait que confirmer notre profonde conviction à cet égard ; conviction que nous espérons faire partager par tous ceux qui liront jusqu'au bout les trop longues explications que nous avons cru devoir présenter pour ne laisser debout aucune des critiques formulées dans ce discours contre l'administration française.

Paris le 30 avril 1870.

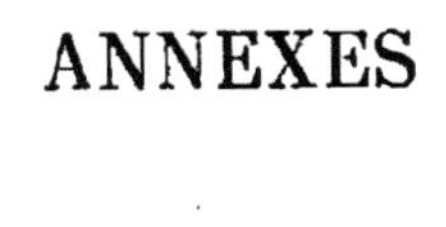

ANNEXES

TABLEAU *comparatif des taxes perçues ou à percevoir, en 1847 et en 1870, pour l'affranchissement des lettres, du poids de 10 grammes et au-dessous, expédiées de la France et de l'Algérie à destination de divers pays étrangers.*

ORIGINE des lettres.	DESTINATION des lettres.	TAXES D'AFFRANCHISSEMENT pour chaque lettre expédiée de la ville désignée dans la 1re colonne pour la ville désignée dans la 2me colonne				DIMINUTION DE TAXE en 1870 par rapport à 1847, sur chaque lettre.			
		En 1847.		En 1870.		de 7 gr. 1/2		de 10 gram.	
		Lettre de 7 gr. 1/2	Lettre de 10 gram.	Lettre de 7 gr. 1/2	Lettre de 10 gram.	Sommes.	Proportion pour cent.	Sommes.	Proportion pour cent.
1	2	3	4	5	6	7	8	9	10
		fr. c.	fr. c.	fr. c.	fr. c.	fr. c.		fr. c.	
Paris	Londres	1 »	1 30	» 30	» 30	» 70	70	1 »	77
Pau	Southampton	1 60	2 90	» 30	» 30	1 30	81	1 90	86
Paris	Bruxelles	» 90	1 60	» 30	» 30	» 60	66	1 30	81
Alger	Liège	1 70	2 70	» 30	» 30	1 40	82	2 40	89
Paris	La Haye	1 20	2 20	» 40	» 40	» 80	66	1 80	82
Lyon	Amsterdam	1 70	2 90	» 40	» 40	1 30	76	2 50	86
Paris	Hanovre	1 70	3 10	» 50	» 50	1 20	71	2 60	84
Bordeaux	Brunswick	2 »	3 50	» 50	» 50	1 50	75	3 »	86
Paris	Berlin	2 »	3 70	» 50	» 50	1 50	75	3 20	86
Bayonne	Dantzick	3 10	5 60	» 50	» 50	2 60	83	5 10	91
Paris	St-Pétersbourg	3 40	6 50	» 80	» 80	2 60	76	5 70	87
Marseille	Odessa	3 90	7 20	» 80	» 80	3 10	79	6 40	88
Paris	Copenhague	1 50	2 70	» 50	» 50	1 »	66	2 20	81
Narbonne	Lauenbourg	2 10	3 90	» 50	» 50	1 60	76	3 40	87
Paris	Dresde	1 70	3 10	» 50	» 50	1 20	70	2 60	84
Avignon	Leipsik	1 50	2 70	» 50	» 50	1 »	66	2 20	81
Paris	Vienne	1 40	2 50	» 60	» 60	» 80	57	1 90	76
Marseille	Milan	1 60	2 90	» 40	» 40	1 20	75	2 50	86
Paris	Carlsruhe	» 90	1 50	» 30	» 50	» 60	63	1 »	67
Brest	Heidelberg	1 40	2 20	» 30	» 50	1 10	78	1 70	77
Paris	Munich	1 »	1 70	» 40	» 40	» 60	60	1 30	76
Toulouse	Augsbourg	1 30	2 10	» 40	» 40	» 90	69	1 70	81
Paris	Berne	» 90	1 40	» 30	» 30	» 60	66	1 10	78
Le Havre	Lucerne	1 20	2 »	» 30	» 30	» 90	75	1 70	85
Paris	Turin	1 30	2 20	» 40	» 40	» 90	69	1 80	82
Nantes	Gênes	1 50	2 50	» 40	» 40	1 10	73	2 10	84
Cherbourg	Cagliari	1 80	2 90	» 40	» 40	1 40	78	2 50	86
Paris	Florence	2 20	4 »	» 40	» 40	1 80	81	3 60	90
Lille	Livourne	2 30	4 20	» 40	» 40	1 90	82	3 80	90
Paris	Rome	1 90	3 40	» 50	» 50	1 40	74	2 90	85
Rouen	Ancône	2 20	4 »	» 40	» 40	1 80	82	3 60	90
Paris	Naples	2 30	4 20	» 40	» 40	1 90	82	3 80	90
Quimper	Messine	2 50	4 50	» 40	» 40	2 10	84	4 10	91
Ajaccio	Québec	2 30	2 80	» 80	» 80	1 50	65	2 »	71
Cette	Terre-Neuve	2 30	2 90	» 80	» 80	1 50	65	2 10	72

Extraits du Rapport du Conseil fédéral a l'Assemblée fédérale sur les négociations relatives a la Convention de poste du 8 aout 1861 avec le royaume d'Italie (du 27 novembre 1861).

. . . .

« L'*Administration italienne* ne voulait admettre une répartition égale
« des taxes que pour les échanges entre le Piémont, et tout au plus la Lom-
« bardie, d'une part, et la Suisse, de l'autre, et *demandait en compensation*
« *de la Lombardie admise à ce partage égal, une modération sensible du*
« *transit suisse, ainsi que les 2/3 au moins des taxes sur les correspon-*
« *dances échangées entre l'Italie centrale et méridionale, d'une part, et la*
« *Suisse, de l'autre.* »

« Après de longs pourparlers sur cet objet, qui firent pleinement ressor-
« tir les difficultés que présentait la question, le délégué de la Suisse, en
« présence du refus formel de l'Italie d'admettre une surtaxe pour l'Italie
« centrale et méridionale (c'est-à-dire un second rayon italien), ne pensa
« pas devoir insister sur ce point qui menaçait de nuire au succès des négo-
« ciations. »

« L'Administration italienne, toujours prête à introduire des simplifica-
« tions et à adopter des règles uniformes, ne se montrait disposée à un
« partage égal des taxes que moyennant compensation, et de notre côté
« nous ne crûmes pas devoir laisser échapper l'occasion de consacrer le
« principe de la répartition égale des taxes entre les deux pays, mais plu-
« tôt devoir admettre comme compensation une modération proportionnelle
« des taxes fixées pour le transit par la Suisse. »

. . . .

« L'avantage financier que trouve la Suisse à un partage égal des taxes
« pour les provinces B à G ci-dessus (Italie centrale et méridionale) au lieu
« d'un partage à raison de 1/3 et 2/3, peut-être actuellement évalué à fr·
« 7,000 par année. »

« Cette clause de la Convention satisfait aux intérêts des deux pays. Si,
« en admettant le partage égal, *l'Italie fait à la Suisse une concession à*
« *laquelle, vu son étendue considérable, ce pays n'était pas obligé*; d'un
« autre côté, dans les circonstances actuelles, la Suisse ouvre à l'Adminis-
« tration italienne, pour ses échanges avec l'Allemagne septentrionale et le
« nord de l'Europe, une voie indépendante de la France et de l'Autriche. »

. . . .

Extrait d'un rapport de M. le docteur Heer ministre de Suisse a Berlin, en date du 20 mai 1868, joint au message du Conseil fédéral a l'Assemblée fédérale, au sujet de la Convention postale conclue a Berlin avec les États d'Allemagne le 11 avril 1868. (Du 6 juillet 1868).

. . . .

« La répartition du produit des ports a été arrêtée d'un commun accord « à la proportion de 3/5 pour l'Allemagne et de 2/5 pour la Suisse. Cette « proportion serait à peu près le milieu entre celle qui existe avec la France « et celle qui a été adoptée avec l'Italie. Avec le premier de ces pays, la « répartition s'effectue dans la proportion de 2/3 et 1/3, et avec l'Italie, elle « se fait par parts égales. Il n'est guère possible d'établir une comparaison « avec le mode de répartition actuellement en vigueur vis-à-vis de l'Alle- « magne, en vertu de l'art. 4 de la Convention de Lindau de 1852, attendu « que cette Convention repose sur de tout autres bases. Cependant il résulte « d'un calcul que le rapporteur a fait, qu'en réalité le nouveau taux de ré- « partition diffère très-peu du taux actuel, mais qu'il en diffère cependant « à notre avantage. »

« En fait, la Suisse prélève actuellement environ 36 0/0 sur le produit « total ; d'après la nouvelle Convention, elle recevra 40 p. 0/0. Si l'on avait « adopté notre proposition de fixer pour l'Allemagne méridionale une taxe « de 20 centimes et pour l'Allemagne du Nord une taxe plus élevée, il au- « rait été convenable, au moins vis-à-vis de l'Allemagne méridionale, de s'en « tenir à la répartition par parts égales ; mais ce résultat aurait été difficile « à obtenir à l'égard de l'Allemagne du Nord. Cependant, si le prix du port « avait pu être fixé avec la condition de l'affranchissement obligatoire et « que la quote-part de la Suisse eût été fixée à 20 centimes et celle des « Administrations allemandes, à 25 cent, soit 2 silbergros, 7 kreutzer, il au- « rait été avantageux de faire abstraction de toute comptabilité et de laisser « à chaque administration ce qu'elle aurait perçu. Si l'on admet, ce qui ne « s'écarte guère de la vérité, que l'ensemble de l'échange des correspon- « dances est représenté par une lettre qui va d'un point du pays à un autre « point, et par la réponse qui y est faite (sauf de rares exceptions), il aura « été payé à la Suisse, pour l'une de ces deux lettres, 20 centimes, et pour « l'autre, 25 centimes aux administrations postales allemandes ; ainsi pour « chacune d'elles la Suisse aurait reçu 10 cent. et l'Allemagne 12 1/2 « (= 1 sbgr.) en moyenne ; c'est-à-dire, en d'autres termes, que chaque « État, aurait perçu sur la correspondance internationale exactement sa « taxe interne [1], ce qui serait certainement la seule solution rationnelle.

[1] M. le Dr Heer commet ici une erreur, puisque, d'après le tarif intérieur

« et aurait procuré aux administrations allemandes un avantage réel, il est
« vrai, mais modeste cependant et justifié par la nature des choses.

« Une fois qu'il n'était pas possible de faire admettre ce système, il n'y
« avait pas lieu de trouver beaucoup à redire au mode de répartition de 3/5
« et de 2/5 [1] vis-à-vis d'un si vaste territoire postal : *la Suisse ne réussira*
« *que rarement* et dans des conjonctures tout à fait exceptionnelles (telles
« que celles qui existaient lors de la conclusion de la Convention avec
« l'Italie) *à obtenir la répartition par parts égales.* »

EXTRAIT DU MESSAGE DU CONSEIL FÉDÉRAL A LA HAUTE ASSEMBLÉE FÉDÉ-
RALE, AU SUJET DE LA CONVENTION POSTALE CONCLUE AVEC L'AUTRICHE
LE 15 JUILLET 1868 (du 20 juillet 1868).

. . . .

« Notre présent message pourra être d'autant plus succinct que, sauf les
« particularités résultant des circonstances locales et de la différence du pied
« monétaire, la présente Convention est calquée exactement sur celle de
« Berlin ; or, notre message du 6 juillet 1868 et les annexes qui l'accompa-
« gnent ont exposé en détail les motifs que nous avions à faire valoir en fa-
« veur de cette dernière convention. »

suisse, les lettres simples qui ne parcourent pas plus de deux lieues payent seulement 5 cent.

[1] La Suisse ne recevra pas les 2/5 des taxes postales applicables aux correspondances dont la transmission est réglée par la convention du 11 avril 1868, par
la raison qu'aucune surtaxe ne sera perçue en Suisse sur les correspondances
allemandes distribuées par les facteurs ruraux, tandis que les lettres de Suisse
distribuées par les facteurs ruraux de la Confédération du Nord supporteront le
droit de factage de 1/2 silbergros en sus des taxes fixées par cette convention.

Paris. — Impr. Paul Dupont, rue Jean-Jacques-Rousseau (Hôtel des Fermes.

9 782019 224790